EL
LIBRO DE LA
BRILLANTEZ

· · · · · · · · · · ·

Una Historia Para Que
Todos Aquellos Que Quieran
Sonreír Con Su Propia
Verdad

· · · · · · · · · · ·

BIENVENIDO A TU CAMINO

De niños al nacer, tenemos nuestra propia luz. Si no tenemos cuidado, podemos tomarnos demasiado seriamente el ser "adultos". Mi esperanza es que encuentres el lugar, donde tu preciosa destello - tu luz - se haga realidad para ti siempre, y recuerdes la luminosidad de ser tú, sin siquiera intentarlo.

INTRODUCCIÓN

Somos exploradores de nuestras vidas, viajeros buscando las verdades comunes de la experiencia humana. Nos preguntamos sobre nuestra vida, buscamos claridad en nuestro propósito vital, aspiramos a conocer nuestro propio corazón. Es este un camino que hacemos juntos, esta vida de descubrimiento de lo que estamos destinados a ser. El libro de la brillantez nos ofrece abrir aún más la puerta de nuestro propio reconocimiento, nos da permiso para alcanzar y tocar esa sabiduría interna única que encontramos en cada uno de nosotros. Nos ayuda a crear un camino en la vida que nos ofrezca una mayor capacidad de vivir desde el corazón y a conocer un amor a nosotros mismos mayor.

De alguna manera, *El libro de la brillantez* nos ofrece a curar una parte de nosotros mismos al mostrarnos el camino para reclamar nuestra identidad real. Sus palabras susurradas pueden cambiar vidas, incluidas las nuestras. Nos ayuda a utilizar los enormes recursos que se

encuentran en el ser humano y nos dirige hacia una vida más profunda y abundante. Simplemente necesitamos darnos permiso para aceptar estos regalos de nuestro interior, al tiempo que aprendemos a prosperar con ellos. *El libro de la brillantez* nos ayuda a tocar el camino vital centrado en el corazón.

Intenta esto: ofrece alguna de estas oraciones en parte o completas a amigos y familia con los que suelas interactuar y observa su respuesta. **Déjales saber que "Se merecen amor, son preciosos, valiosos y únicos en su clase en el mundo. Marcan la diferencia, son suficientes con lo que son, se merecen existir y simplemente**

pertenecen a la vida". Las historias que experimentarás tendrán un impacto en ti. Utilizar las palabras de una intención sanas es profundo. Las palabras impactan a todos los que están involucrados. Quizás recibas una mirada extrañada al principio pero, en lo más profundo, estás dando luz a una verdad que todos conocemos y que muchos han esperado toda la vida para escucharla. Tanto si se dicen a alguien con demencia, o alguien que haya sido abusado de niño o simplemente a alguien que quieras, estas palabras tienen poder, han sido creadas para nosotros, Así que, úsalas bien, y úsalas libremente porque dan permiso al mundo para curarse y cambiar.

Nota especial al lector: tanto si eres padre o madre, abuelo, esposo, compañero, hermano o amigo, dedica el tiempo a las palabras y la verdad que hay en este libro. Cuando estés explorando silenciosamente, léete las palabras varias veces a ti mismo. Personalmente acepta su mensaje profundo antes de ofrecérselo a alguien que ames. Cuando conoces la verdad personalmente, la enseñas de forma más profunda.

Mientras lees, haz una pausa cuando lo necesites para poder afirmar o reforzar una verdad particular, relacionarte con una historia significativa para ti o simplemente para darte cuenta del regalo que alguien es en tu vida, incluido tú mismo. Ahí es cuando te conviertes en "esa persona", esa persona especial con el corazón en el centro que ayudó a alguien más a tocar esa sabiduría interna y recordar lo precioso de su propia existencia. Así serás un regalo para la vida de otra persona.

Hay un
alg

o en ti,

hico que es todo tuyo.

SI, TU

Eres una maravilla. Te mereces amor, simplemente por ser tú.

Precioso, tal y como eres.

Tienes un valor y una riqueza inmensurables, simplemente porque existes.

Y tu presencia, el mismo hecho de que estás vivo, hace una diferencia en este mundo.

Eres único, único en tu especie. Nunca ha habido alguien como tú y nunca lo habrá.

Tu presencia en este mundo es un regalo sin precio, incomparable en su valía.

Simplemente no hay recambio para lo que tú traes a este mundo.

Todo lo que necesitas ya está en ti mismo.

Ya eres suficiente, únicamente por ser tú.

Desde el momento que te convertiste en realidad, ya eras perfecto.

Te hicieron para este mundo y perteneces aquí, tal cual eres.

Así que vive tu vida, déjate crecer en la dirección de tu propio corazón,

ábrete a las lecciones que la vida despliega ante ti en cada momento.

Susúrrate estas palabras a ti mismo.

Yo me merezco amor.

Yo soy precioso.

Yo soy valioso.

Yo soy único.

Yo marco la diferencia.

Yo soy suficiente.

Yo lo merezco.

Yo pertenezco.

Sé consciente de que siempre son realidad.

Siéntelas todas, de una en una.

Deja que te toquen el corazón,

para que las tengas siempre cerca.

DESPIERTAN UNA LUZ
QUE YA ESTABA EN TU INTERIOR

Porque este es el lenguaje del corazón,

donde encontramos nuestra verdad...

Cuando la vida es fácil,
y especialmente cuando se siente más difícil,
di estas palabras a ti mismo.

Yo me merezco amor.

Yo soy precioso.

Yo soy valioso.

Yo soy único.

Yo marco la diferencia.

Yo soy suficiente.

Yo lo merezco.

Yo pertenezco.

Déjalas que se muevan en tu interior,
déjalas que bailen valerosamente en ti.
Permítete ser un maravilloso compañero de tu propia vida.

Despiértate al

MARAVILLOSO MILAGRO

de saber que tú

eres fuerte, estás despierto y vivo.

... y ...

... y que estás hecho para ser

CREATIVO

LA VIDA

más allá de los obstáculos y las dificultades
que pasan en la vida. Recuerda:
hay lecciones que aprender ocultas
en todos ellos.

Nunca vivas en tu
negatividad o el juicio a ti mismo.
Eres mucho más que ninguno
de tus sentimientos.

El miedo y la ansiedad no pueden

marcar el camino de tu mundo.

LO HACES TU

Pero pueden ser nuestros maestros,
y nuestro trabajo es aprender a encontrar

LA SABIDURIA
que guardan.

SAlgunas veces las lecciones toman un tiempo,
así que estáte abierto y sé

PACIENTE
al aprender.

Mientras que vives tu vida,

SIENTATE LIBRE PARA CRECER...
y nunca pares.

FUISTE CREADO PARA TRIUNFAR,

diseñado con el propósito
de convertirte en tu mejor yo posible.

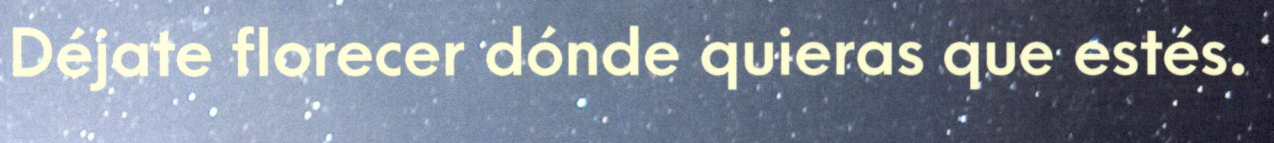

Déjate florecer dónde quieras que estés.

Estás hecho para compartirte con el mundo,

para abrirte sin timidez y alcanzar una vida

de asombrosa sorpresa.

Eres como una flor en este mundo.

y una flor puede ser solo que es ... una flor.

Crece en los lugares más difíciles, y

FLORECE

en el agua con más lodo.

Tú no eres diferente.

ESTAS DESTINADO A TRIUNFAR

a crecer sin importar dónde estés.

Y tú, como la flor,

estás destinado a

FLORECER

precisamente en ti mismo.

Fuerte y capaz,

CURIOSO

Y CREATIVO,

despierto y vivo.

PUEDES ELEGIR
la vida que quieras crear.

PUEDES ELEGIR
lo que quieres dejar a un lado.

Únicamente tu propio pensamiento,
puede impedir que sigas adelante.

ASI QUE SE LIBRE, SE TU MISMO.

Ofrece tu brillo al mundo.

Despierta a la maravilla

que es el amor a uno mismo y

la propia aceptación pueden traer.

Y después explora todo lo que la vida tiene para ti.

DEJATE CREAR,
DEJATE EXPANDIRTE,

déjate triunfar en la vida.
Ábrete a la maravilla escondida
de la belleza de un mundo maravilloso a la vista.

Y sí... absolutamente. No importa que...

Yo me merezco amor.

Yo soy precioso.

Yo soy valioso.

Yo soy único.

Yo marco la diferencia.

Yo soy suficiente.

Yo lo merezco.

Y TU SIEMPRE, SIEMPRE PERTENECES

Cuando puedas ver

el precioso brillo que eres tú,

podrás verlo en todos los demás.

Así que, bienvenido a tu vida,

BIENVENIDO A TU MARAVILLOSO CAMINO.

Recuerda, lo que decidas alimentar en tu vida crecerá.

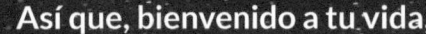

PEQUEÑAS PANCARTAS

Te mereces amor, eres taaan precioso.

Tu valor es inmedible, y eres completamente

único a tu propia manera.

Marcas la diferencia en el mundo,

solo por ser tú.

Perteneces aquí y haces que

"aquí sea más especial.

**Siéntate libre de copiar y pegar estas páginas
para que más gente pueda usar estos pequeñas pancartas con la gente
que necesite que les recuerden su verdad.**

Sé todas tus maravillosas maravillas,
y baila con tu vida. Despierta a la vida
en esa forma que solo tú puedes,
y compártelo con el mundo.

Eres único, especial en la manera
en que sólo tú puedes serlo, y el único
que puede ser lo maravillo que tú eres.
¡Él único maravilloso en el mundo! ¡Tú!

Yo me merezco amor.

Yo soy precioso.

Yo soy valioso.

Yo soy único.

Yo marco la diferencia.

Yo soy suficiente.

Yo lo merezco.

Yo pertenezco.

**Siéntate libre de copiar y pegar estas páginas
para que más gente pueda usar estos pequeñas pancartas con la gente
que necesite que les recuerden su verdad.**

Recuerda, recuerda, recuerda:
tú eres tu propio brillo. Una preciosa
chispa de vida, única en su propia
manera especial.

Tú te mereces ser amado.

Tú eres precioso.

Tú eres valioso.

Tú eres

bellamente único.

Tú marcas la diferencia.

Tú eres maravillosamente

maravilloso.

Tú perteneces

genuinamente aquí,

no hay condiciones

o peros para eso.

Traes brillo a esta vida.
Enciendes la "chispa"
de estar vivo.

Eres precioso y espectacular,
y ser tu mismo es el maravilloso
regalo para el mundo.

**Siéntate libre de copiar y pegar estas páginas
para que más gente pueda usar estos pequeñas pancartas con la gente
que necesite que les recuerden su verdad.**

¡Qué regalo traes al mundo!
Tan precioso, fuerte y sabio. Este mundo tiene
suerte que tu maravilloso yo existe.

Trae tus chispas únicas al
mundo, en tu forma especial y única
tocas el corazón de la gente a tu alrededor.

¡Eres es espectacular, maravilloso y
asombrosa iluminación,
un humano único en su especie!
¡Eres la perfecta expresión de ti mismo!

Acerca del Autor
BRIAN ROSCOE

El Dr. Roscoe disfruta escribiendo acerca de la jornada vital, descubriendo la sabiduría única que está en nosotros y ayudando a la gente a crear una vida basada en el amor a uno mismo. Le encanta caminar en la montaña, montar en bicicleta, hacer fotos a la naturaleza y explorar los misterios que la naturaleza humana esconde. Dr. Roscoe dirige una clínica quiropráctica holística donde ayuda a sus pacientes a liberarse de las lesiones físicas y del estrés así como de los vínculos emocionales que limitan la expresión de su vida. El libro de la brillantez es la culminación del mensaje que enseña. Está escrito para personas de todas las edades.

Para comprar cualquiera de los títulos de Brian en negrita o para contactar con Brian:

BrianRoscoeAuthor.com

brianroscoe61@gmail.com

(616) 847-1444

CONTINÚA EL CAMINO

libros de Brian

Espresso Inspiracional

¡Recibe tu ración diaria de inspiración! En este libro, Expreso inspiracional, el Dr. Brian Roscoe nos guía hacia la importancia de mirarnos internamente y de hacernos preguntas a nosotros mismos para cultivar un estado más alto de bienestar y, por tanto, una experiencia vital más rica. Con pequeñas raciones de sabiduría que te ayudan a cuestionarte tus motivos, tu integridad y dirección, Brian te ayuda a pavimentar un camino para amar mejor y mantener una compasión y conocimiento y verdad hacia ti mismo y hacia los demás.

"Nuestro propósito en este vasto y maravilloso mundo es recordar cómo expandirnos hacia un lugar profundo, con muchas capas de amor incondicional, un amor que es, en esencia, lo que ya somos y lo que hemos sido siempre".

Expreso inspiracional dejará pistas de verdad, inspirará momentos de sabiduría y comprensión. Nos ayudará a vivir una vida significativamente más amable y compasiva a la vez que estamos inmersos en nuestra jornada vital.

Llamada del corazón: seis secretos para amarse

LLAMADA AL CORAZÓN es la puerta de entrada al camino para volver a ti mismo. Roscoe presenta un camino guiado por el amor y el descubrimiento propio que cambiará la perspectiva de nuestra vida, el perdón, las relaciones y le dará un propósito a nuestro viaje.

- guía y inspiración para vivir un amor real
- cómo descubrir tu valor interno y tu luz
- cómo ver los regalos en tus heridas
- mantras internos para llevarlos en tu viaje

Escucha la llamada de tu corazón y viaja por este libro para descubrir los seis secretos para amarse a uno mismo.

Llamada del corazón, Despierto: el camino de amarse a uno mismo

LA LLAMADA DEL CORAZÓN, en su segunda aparición, lleva a los lectores a un viaje profundo al amor a uno mismo. A través del aprendizaje y herramientas del primer libro Llamada al corazón, Despierta llega a la mente y las aspiraciones de todo aquel que explore sus páginas, ayudándolos a iluminar el camino, la verdad que llevan dentro.

En este libro, encontrarás:

- una inmersión en lo que significa llevar una vida de amor a uno mismo
- cómo manifestar tus regalos internos
- cómo elevar tu perspectiva
- mantras introspectivos para llevarlos en tu viaje

Escucha la voz de tu corazón y haz el viaje al recuerdo tu tus profundidades más espirituales.

Diario del Poder Declarado: enseñando a los hábitos del corazón

EL DIARIO DEL PODER DECLARADO es un manual de la colección Llamada al Corazón. Es un libro de trabajo que capacita a los lectores a tomar el mando de su propio camino guiándolos a través de la meditación y la reflexión para encontrar, atar y emplear su propio poder personal todos los días.

En este libro, encontrarás:

- una mirada profunda a la jornada del amor a uno mismo
- mantras para despertar a tu vagabundo interno
- actividades de introspección y crecimiento
- guías y consejos para tu vida futura

Escucha a la llamada de tu corazón,
una jornada aún más profunda

en tu propio poder personal.

El Nuevo - Ahora: el Arte de Estar Aquí, Ahora

Estamos aquí para activar una conciencia mayor desde la que reclamar nuestro propio milagro. Nuestro viaje vital se diseñó para inspirar, para que todos lo aceptemos y lo expresemos con el regalo que se despliega infinitamente ante nuestras vidas que son únicas. Así que bienvenido. Bienvenido a tu vida. Bienvenido a tu jornada.

¿Estás listo para comprometerte con el mindfulnes?

¿Estás listo para honrar cada momento?

¿Estás listo para una nueva perspectiva?

Bienvenido al Nuevo - Ahora.

POR FAVOR DEJA UNA OPINIÓN

Las opiniones públicas a los autores independientes ayudan a que escriban los libros que amas. Si te gustó este libro, deja una opinión en Amazon. También puedes dar tu opinión en las redes sociales conectando con Brian en @ drbrianroscoe. ¡Gracias! ¡Disfruta de tu jornada!

ISBN-13: 978-1-957348-14-8
Impreso en los Estados Unidos de América

www.ingramcontent.com/pod-product-compliance
Lightning Source LLC
Chambersburg PA
CBHW041555120626
46551CB00002B/212